Will Smith

Gwen Berwick and Sydney Thorne

Adapted from the original by Julia Holt

Hodder & Stoughton

A MEMBER OF THE HODDER HEADLINE GROUP

Acknowledgements
Cover photo: © Armondo Gallo/Retna
Photos: pp. 3, 7 Associated Press AP; p. 4 J.K./All Action; p. 8 Associated Press AP/Chris Gardner; p. 11 © Neal Preston/Corbis; p. 12 © Phil Ramey/ All Action; pp. 15, 16, 19 Ronald Grant Archive

Orders: please contact Bookpoint Ltd, 78 Milton Park, Abingdon, Oxon OX14 4TD. Telephone: (44) 01235 827720, Fax: (44) 01235 400454. Lines are open from 9.00–6.00, Monday to Saturday, with a 24 hour message answering service. Email address: orders@bookpoint.co.uk

British Library Cataloguing in Publication Data
A catalogue record for this title is available from The British Library

ISBN 0 340 77490 8

First published 2000
Impression number   10 9 8 7 6 5 4 3 2 1
Year   2005 2004 2003 2002 2001 2000

Copyright © 2000 Gwen Berwick and Sydney Thorne

Typeset by Fakenham Photosetting Ltd, Fakenham, Norfolk.
Printed in Great Britain for Hodder & Stoughton Educational, a division of Hodder Headline Plc, 338 Euston Road, London NW1 3BH by Hobbs the Printers, Totton, Hampshire.

Table des matières

What do you know about Will Smith?

- What was special about the sitcom *The Fresh Prince of Bel-Air*?
- What kind of music does Will play?
- Can you name three of his films?

read on . . .

1. Will

Will Smith est acteur.

En 1989
il a une expérience unique.

Il commence à jouer
dans une sitcom.

commence à jouer –
starts to act

Ça s'appelle
The Fresh Prince of Bel Air.

Le sujet de la sitcom?
Will Smith!

2. Origines

```
Nom:              Will Smith

Date de naissance:    25 septembre 1968

Lieu de naissance:    Philadelphie,
                      aux Etats-Unis
```

Il s'appelle Willard C. Smith II.
Son père s'appelle Willard Smith I.

Son père est ingénieur.   *ingénieur – engineer*
Sa mère travaille dans les écoles.

Il y a quatre enfants   *enfants – children*
dans la famille.
Will est le deuxième enfant.

Will est très cool

Will Smith

Will est grand: 1m88.
Il est charmeur.
Très charmeur.

charmeur – charming

Il a beaucoup d'amis à l'école.

A l'école,
Will s'appelle "Prince" –
dans les situations difficiles ...
... pas de problème pour Will.
Il use de son charme!

Will est intelligent.
Il est possible pour Will
d'aller à l'université.

Mais il préfère le show-business.

3. La musique

Will et son ami Jeff
font de la musique rap.

Ils s'appellent "DJ Jazzy Jeff"
et "The Fresh Prince".

Leur musique s'appelle
"le rap bubble-gum" –
ce n'est pas du rap sérieux.

sérieux – serious

"DJ Jazzy Jeff" et "The Fresh Prince"
sont des stars
sur MTV.

Leur album,
He's The DJ, I'm The Rapper,
remporte un prix Grammy
en 1988.

remporte un prix –
wins an award

Will Smith et DJ Jazzy Jeff

Will, avec des fans

Jeff et Will sont populaires.

Le hit,
Parents Just Don't Understand,
est très amusant.

A l'âge de 18 ans,
Will est riche.
Il est millionnaire.

Il achète beaucoup . . .
Il achète une maison.
Il achète des voitures.

Mais il a un problème:
il a beaucoup acheté –
et il ne peut pas payer ses impôts!

acheté – bought
ne peut pas payer ses
impôts – can't pay his taxes

Will a 21 ans.

Une compagnie de télévision
fait une suggestion:
une sitcom
qui se passe à Beverly Hills.

qui se passe –
which is based

Le sujet: un teenager millionnaire
et ses problèmes.

La comédie de situation s'appelle
The Fresh Prince of Bel-Air.

Le héros s'appelle ... "Will"!
"Will" a des problèmes,
mais il use de son charme.
Oui, c'est l'histoire de Will Smith.

l'histoire – the story

C'est un succès.
Et Will peut enfin payer ses impôts!

peut efin payer ses impôt –
can finally pay his taxes

The Fresh Prince of Bel-Air

11

Will et sa famille

4. Mariage

Will se marie avec Sheree.

En 1992, ils ont un bébé.
C'est un garçon.
Il s'appelle Willard Smith III,
ou "Trey".

Mais il y a des problèmes.
dans leur couple.

Will et Sheree divorcent en 1995.

Trey habite avec Sheree.

5. Le cinéma

La musique,
la télévision,
et maintenant: le cinéma.

maintenant – now

Will est dans un film dramatique,
Six Degrees of Separation.
Will est un bon acteur.

En 1995, Will tourne *Bad Boys*.
C'est un film d'action,
un film d'aventures.
C'est un grand succès.

tourne – makes (a film)

Maintenant,
Will peut demander
5 millions de dollars
pour un rôle!

*peut demander –
can ask for*

Et il reçoit beaucoup
d'offres de rôles.

Will, dans le film *Bad Boys*

Dans le film *Independence Day*

En 1996, Will joue dans
un film de science-fiction.
Le film s'appelle *Independence Day*.
C'est un énorme succès.

Son rôle:
un pilote, le capitaine Steve Hiller.
Il sauve les Etats-Unis
d'une attaque extra-terrestre.

sauve – saves

En 1997, Will tourne *Men In Black*.
C'est une comédie de science-fiction.
Will sauve la planète
d'une attaque extra-terrestre.

Le film est un grand succès.
Il rapporte beaucoup d'argent
aux producteurs.

*rapporte beaucoup
d'argent – makes a lot of
money*

Il tourne aussi:

- *Enemy of the State*
  un film d'action

- *Wild Wild West*
  un western.

Will a le sens de l'humour.
Il dit: "Je suis idéal
pour le rôle de Dumbo l'éléphant –
j'ai de grandes oreilles!"

une oreille – ear

Will joue dans *Men In Black*

En 1997,
Will retourne à la musique rap.
Il fait l'album *Big Willie Style* –
mais sans DJ Jazzy Jeff.

sans – without

Le 31 décembre, 1997,
Will se marie avec Jada.

Ils ont un bébé en 1998.
C'est un garçon: Jaden.

Will Smith –
il est acteur
il est musicien.

Et son ambition?
"Je veux être

je veux être – I want to be

le premier président noir."

Le président Will Smith?
Peut-être . . .

peut-être – perhaps